W0407562

Réalisation et arrangements : Lauri Prado, Alain Schneider. Enregistrement et mixage : Interface.
Pour *Vive le vent* : arrangements de Rolf Marbot sur les motifs de *Jingle Bells*, paroles de Francis Blanche © S.E.M.I.
Publié avec l'autorisation de la Société d'éditions musicales internationales (S.E.M.I.), Paris, France.

Illustrations de :
Nadia Berkame : p. 46-47 ; Thérèse Bonté : p. 56-57, 60-61 ;
Vincent Bourgeau : couverture, pochette et CD, p. 14-15, 22-23, 30-31, 34-35 ; Marianne Dupuy-Sauze : p. 10-11 ;
Laurence Jammes : p. 40-41 ; Philippe de Kemmeter : p. 42-43, 48-49 ; Anne-Sophie Lanquetin : p. 38-39 ;
Sophie Ledesma : p. 36-37, 50-51, 52-53 ; David Merveille : p. 8-9, 24-25, 32-33 ;
Barbara Nascimbeni : p. 12-13, 18-19, 26-27 ; Annelore Parot : p. 54-55, 58-59 ;
Marie Quentrec : p. 16-17, 20-21, 28-29 ;
Kaori Souvignet : p. 44-45.

© 2004 éditions Milan pour la première édition,
© 2012 éditions Milan pour la présente édition,
300, rue Léon-Joulin, 31101 Toulouse Cedex 9, France.
Droits de traduction et de reproduction réservés pour tous les pays.
Toute reproduction, même partielle, de cet ouvrage est interdite.
Une copie ou reproduction par quelque procédé que ce soit, photographie, microfilm,
bande magnétique, disque ou autre, constitue une contrefaçon passible des peines prévues
par la loi du 11 mars 1957 sur la protection des droits d'auteur.
Loi 49.956 du 16 juillet 1949 sur les publications destinées à la jeunesse.

ISBN : 978-2-7459-5364-3
Dépôt légal : 4e trimestre 2013
Imprimé en Espagne par Egedsa

Comptines à chanter

VOLUME 3

Illustrations de :
Nadia Berkame, Thérèse Bonté, Vincent Bourgeau, Marianne Dupuy-Sauze,
Laurence Jammes, Philippe de Kemmeter, Anne-Sophie Lanquetin, Sophie Ledesma, David Merveille,
Barbara Nascimbeni, Annelore Parot, Marie Quentrec, Kaori Souvignet

MILAN

Sommaire

J'ai du bon tabac

J'ai du bon tabac dans ma tabatière,
J'ai du bon tabac, tu n'en auras pas.
J'en ai du fin et du bien râpé,
Mais ce n'est pas pour ton vilain nez.

J'ai du bon tabac dans ma tabatière,
J'ai du bon tabac, tu n'en auras pas.

J'ai du bon ta - bac dans ma ta - ba - tiè - re, J'ai du bon ta-
fin
bac, tu n'en au - ras pas. J'en ai du fin et du
bien râ - pé, Mais ce n'est pas pour ton vi - lain nez.

Vive le vent

Vive le vent,
Vive le vent,
Vive le vent d'hiver,
Qui s'en va sifflant soufflant
Dans les grands sapins verts,
Oh !
Vive le temps,
Vive le temps,
Vive le temps d'hiver,
Boule de neige et jour de l'an,
Et bonne année, grand-mère !

Vive le vent, Vive le vent, Vive le vent d'hi - ver,
Qui s'en va sif - flant souf - flant Dans les grands sa - pins verts, Oh !
Vive le temps, Vive le temps, Vive le temps d'hi - ver,
fin
Boule de neige et jour de l'an, Et bonne an - née, grand-mère !

Bon anniversaire

Bon anniversaire,
Mes vœux les plus sincères.
Que ces quelques fleurs
Vous apportent le bonheur.
Que l'année entière
Vous soit douce et légère.
Et que l'an fini
Nous soyons tous réunis.

Bon an - ni - ver - sai-re, Mes vœux les plus sin - cè - res.
Que ces quel - ques fleurs Vous ap - por - tent le bon - heur.
Que l'an - née en - tiè - re Vous soit dou - ce et lé - gè - re.
fin
Et que l'an fi - ni Nous soy - ons tous ré - u - nis.

Le bon roi Dagobert

Le bon roi Dagobert
Avait sa culotte à l'envers.
Le grand saint Éloi
Lui dit : « Ô mon roi,
Votre Majesté est mal culottée !
– C'est vrai, lui dit le roi,
Je vais la remettre à l'endroit. »
Le bon roi Dagobert
Fut mettre son bel habit vert.
Le grand saint Éloi
Lui dit : « Ô mon roi,
Votre habit paré
Au coude est percé !
– C'est vrai, lui dit le roi,
Le tien est bon, prête-le-moi. »

Le bon roi Da-go - bert A - vait sa cu-lotte à l'en - vers. Le grand
saint É - loi Lui dit : « Ô mon roi, Vo-tre Ma - jes - té Est mal cu - lot - tée ! - C'est
fin
vrai, lui dit le roi, Je vais la re-mettre à l'en - droit. » ______

Passez pompon les carillons

Passez pompon les carillons,
Les portes sont ouvertes,
Passez pompon les carillons,
Les portes sont fermées
À clef !

Pas - sez pom - pon les ca - ril - lons, Les
por - tes sont ou - ver - tes, Pas - sez pom - pon les
fin
ca - ril - lons, Les por - tes sont fer - mées À clef!

Les crocodiles

Un crocodile, s'en allant à la guerre,
Disait au r'voir à ses petits enfants.
Traînant ses pieds, ses pieds dans la poussière,
Il s'en allait combattr' les éléphants.

Ah, les cro, cro, cro,
Les cro, cro, cro, les crocodiles,
Sur les bords du Nil ils sont partis,
N'en parlons plus.
Ah, les cro, cro, cro,
Les cro, cro, cro, les crocodiles,
Sur les bords du Nil ils sont partis,
N'en parlons plus.

Un cro - co - dile, s'en al - lant à la guer - re,
Traî - nant ses pieds, ses pieds dans la pous - siè - re,
Di - sait au r'voir à ses pe - tits en - fants. (Ah! Ah! Ah!)
Il s'en al - lait com - battr' les é - lé - phants.
Ah, les cro, cro, cro, Les cro, cro, cro, les cro - co - di - les,
fin
Sur les bords du Nil ils sont par - tis, N'en par-lons plus. (Ah! Ah! Ah!) plus.

Compère Guilleri

Il était un p'tit homme
Appelé Guilleri,
Carabi.
Il s'en fut à la chasse,
À la chasse aux perdrix,
Carabi.

Refrain
Toto carabo, titi carabi,
Compère Guilleri.
Te laiss'ras-tu, te laiss'ras-tu,
Te laiss'ras-tu mouri' ?

Il monta sur un arbre
Pour voir ses chiens couri',
Carabi.
La branche vint à rompre
Et Guilleri tombit,
Carabi.

Refrain

Il é - tait un p'tit hom-me Ap - pe - lé Guil - le -
ri, Ca - ra - bi. Il s'en fut à la chas-se, À la chas - se aux per-
drix, Ca - ra-bi. To - to ca - ra-bo, ti - ti ca - ra-bi, Com - pè-re Guil - le-ri.
fin
Te laiss'ras - tu, te laiss'ras - tu, Te laiss'ras - tu mou - ri' ?

L'empereur, sa femme et le petit prince

Lundi matin, l'emp'reur,
Sa femme et le p'tit prince
Sont venus chez moi
Pour me serrer la pince.
Comme j'étais parti,
Le p'tit prince a dit :
« Puisque c'est ainsi,
Nous reviendrons mardi ! »

Mardi matin, etc, jusqu'à samedi.

Dimanche matin, l'emp'reur,
Sa femme et le p'tit prince
Sont venus chez moi
Pour me serrer la pince.
Comme j'n'étais pas là,
Le p'tit prince se vexa :
« Puisque c'est comme ça,
Nous ne reviendrons pas ! »

Lun-di ma - tin, l'em - p'reur, Sa femme et le p'tit prin - ce
Sont ve-nus chez moi Pour me ser-rer la pin-ce. Comme j'é-tais par - ti,
fin
Le p'tit prin - ce a dit : « Puis - que c'est ain - si, Nous re - vien - drons mar - di ! »
Vendredi
Samedi
Dimanche

Jean de la Lune

Par une tiède nuit de printemps,
Il y a bien de cela cent ans
Que sous un brin de persil sans bruit
Tout menu naquit
Jean de la Lune, Jean de la Lune !
Il était gros comme un champignon,
Frêle, délicat, petit, mignon
Et jaune et vert comme un perroquet,
Avait bon caquet.
Jean de la Lune, Jean de la Lune !
Pour canne il avait un cure-dents,
Clignait de l'œil, marchait en boitant
Et demeurait en toute saison
Dans un potiron.
Jean de la Lune, Jean de la Lune !

Par u - ne tiè - de nuit de prin-temps, Il y a bien de ce - la cent ans
Que sous un brin de per - sil sans bruit Tout me - nu na -
quit Jean de la Lu - ne, Jean de la Lu - ne!
fin

Un grand cerf

Dans sa maison un grand cerf
Regardait par la fenêtre
Un lapin venir à lui
Et frapper à l'huis.
« Cerf, cerf, ouvre-moi
Ou le chasseur me tuera !
– Lapin, lapin, entre et viens
Me serrer la main ! »

Dans sa mai-son un grand cerf Re - gar - dait par la fe -
nê - tre Un la - pin ve - nir à lui Et frap-per à l'huis. « Cerf,
cerf, ou - vre - moi Ou le chas - seur me tue - ra ! - La - pin,
la - pin, en - tre et viens Me ser - rer la main ! »
fin

J'ai vu le loup

J'ai vu le loup, le renard et la belette,
J'ai vu le loup, le renard danser.

J'les ai vus taper du pied,
J'ai vu le loup, le renard et la belette,
J'les ai vus taper du pied,
J'ai vu le loup, le renard danser.

J'ai vu le loup, le renard et la belette,
J'ai vu le loup, le renard danser.

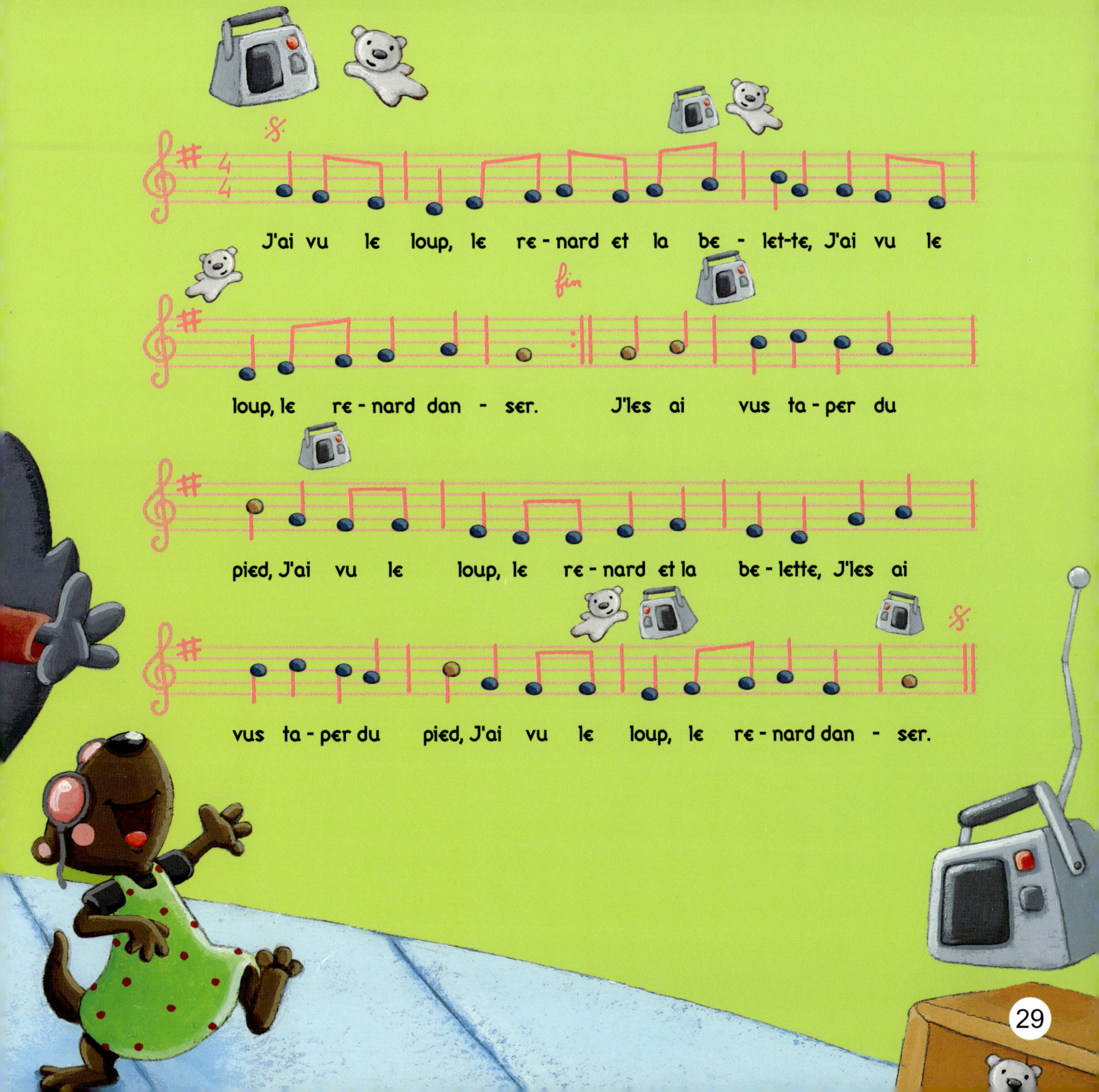
J'ai vu le loup, le re - nard et la be - let-te, J'ai vu le
fin
loup, le re - nard dan - ser. J'les ai vus ta - per du
pied, J'ai vu le loup, le re - nard et la be - lette, J'les ai
vus ta - per du pied, J'ai vu le loup, le re - nard dan - ser.

Le facteur n'est pas passé

Le facteur n'est pas passé
À la boîte aux lettres.

Il ne passera jamais
Parce qu'il est trop bête.

Lundi, mardi, mercredi, jeudi,
Vendredi, samedi, dimanche !

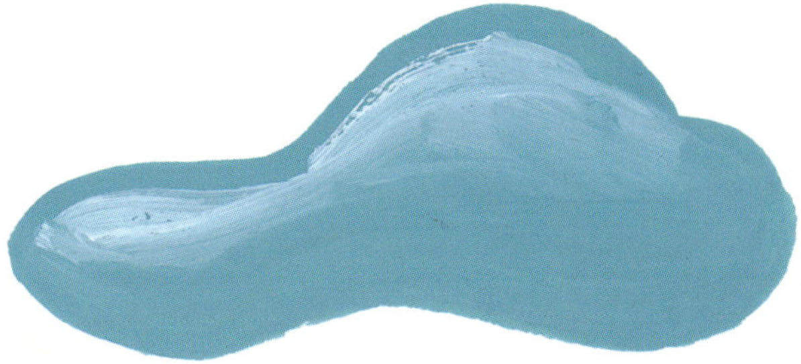

Le fac - teur n'est pas pas - sé À la boîte aux let - tres.
Il ne pas - se - ra ja - mais Parce qu'il est trop bê - te.
Lun-di, mar-di, mer-cre - di, jeu - di, Ven-dre-di, sa - me-di, di-manche!
fin
29-10-10
Potinville
012

Il était un petit cordonnier

Il était un p'tit cordonnier,
Il était un p'tit cordonnier
Qui faisait fort bien les souliers,
Qui faisait fort bien les souliers.

Il les faisait si juste
Qu'il n'y avait rien d'plus juste.
Il les faisait tout dret,
Pas plus qu'il n'en fallait.

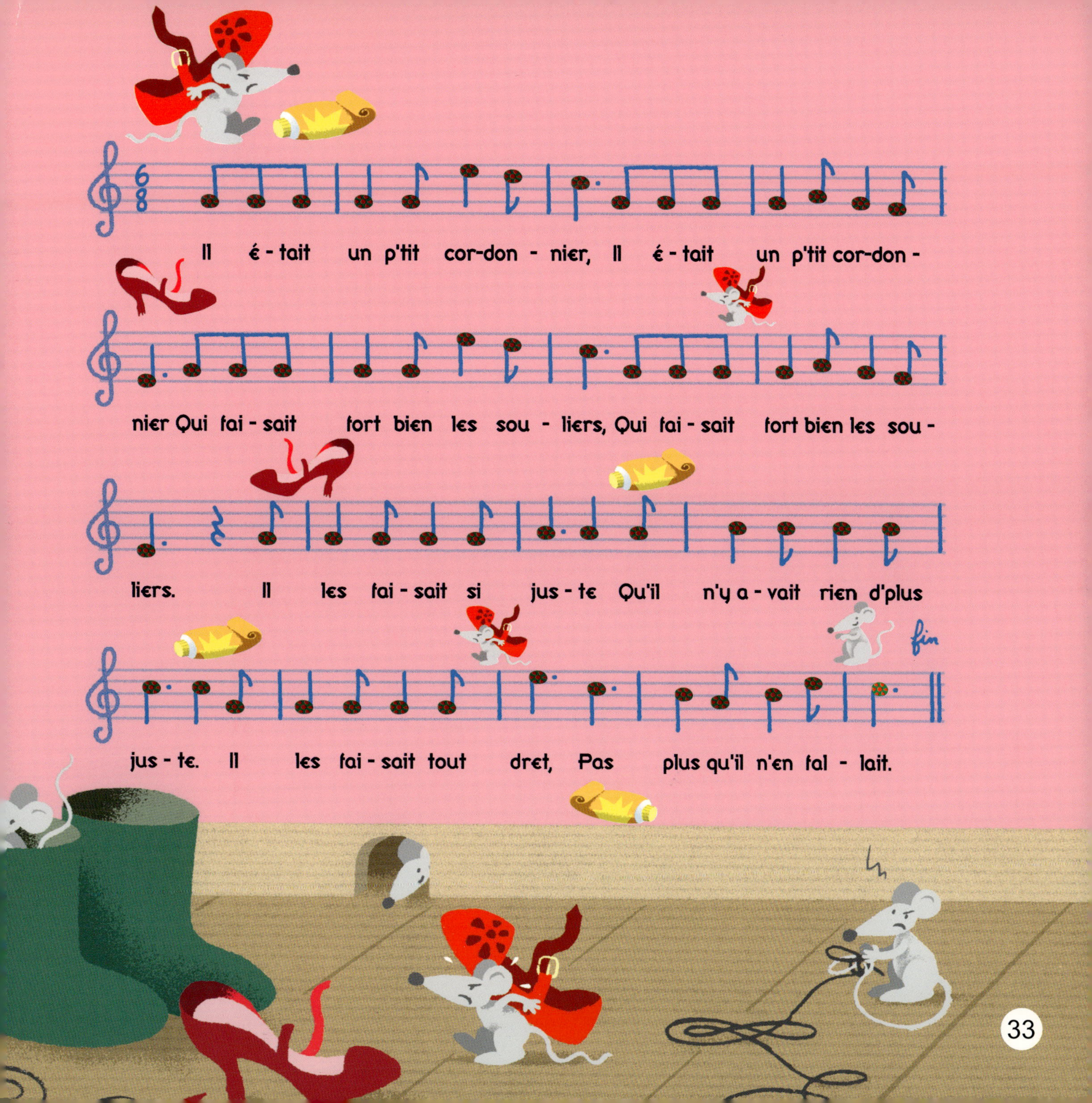
Il é - tait un p'tit cor-don - nier, Il é - tait un p'tit cor-don -
nier Qui fai - sait fort bien les sou - liers, Qui fai - sait fort bien les sou -
liers. Il les fai - sait si jus - te Qu'il n'y a - vait rien d'plus
jus - te. Il les fai - sait tout dret, Pas plus qu'il n'en fal - lait.
fin

Arlequin dans sa boutique

Arlequin dans sa boutique
Sur les marches du palais,
Il enseigne la musique
À tous ses petits valets.

À monsieur Po,
À monsieur Li,
À monsieur Chi,
À monsieur Nelle,
À monsieur Polichinelle.

Il vend des bouts de réglisse
Meilleurs que votre bâton,
Des bonshommes en pain d'épice
Moins bavards que vous, dit-on.

3
3
3
3
fin
Ar - le - quin dans sa bou-ti - que Sur les mar - ches du pa-lais,
Il en-sei - gne la mu - si - que À tous ses pe - tits va - lets.
À mon-sieur Po, À mon-sieur Li, À mon-sieur Chi,
À mon-sieur Nelle, À mon-sieur Po - Li - Chi - Nelle.

Cadet Rousselle

Cadet Rousselle a trois maisons (bis)
Qui n'ont ni poutres ni chevrons (bis).
C'est pour loger les hirondelles.
Que direz-vous d'Cadet Rousselle ?

Refrain
Ah, ah, ah, oui vraiment,
Cadet Rousselle est bon enfant.

Cadet Rousselle a trois habits,
Deux jaunes et l'autre en papier gris.
Il met celui-là quand il gèle,
Ou quand il pleut et quand il grêle.

Ca - det Rous - selle a trois mai - sons, Ca - det Rous- selle a trois mai-
sons Qui n'ont ni pou-tres ni che-vrons, Qui n'ont ni pou-tres ni che-
vrons. C'est pour lo - ger les hi-ron - del-les. Que di - rez-vous d'Ca-det Rous-
sel-le ? Ah, ah, ah, oui vrai - ment, Ca - det Rous-selle est bon en - fant.
fin

Pirouette cacahouète

Il était un petit homme,
Pirouette cacahouète,
Il était un petit homme
Qui avait une drôle de maison (bis).

Sa maison est en carton,
Pirouette cacahouète,
Sa maison est en carton,
Ses escaliers sont en papier (bis).

Celui qui y montera,
Pirouette cacahouète,
Celui qui y montera
S'y cassera le bout du nez (bis).

Il é - tait un pe - tit hom-me, Pi - rou - et - te ca - ca-
hou-ète, Il é - tait un pe - tit hom - me Qui a - vait
fin
une drôle de mai - son, Qui a - vait une drôle de mai - son.

À la claire fontaine

À la claire fontaine
M'en allant promener,
J'ai trouvé l'eau si belle
Que je m'y suis baignée.

Refrain
Il y a longtemps que je t'aime,
Jamais je ne t'oublierai !

À la clai - re fon - tai - ne M'en al - lant pro - me - ner,
J'ai trou - vé l'eau si bel - le Que je m'y suis bai - gnée.
Il y a long - temps que je t'ai - me, Ja-mais je ne t'ou - blie-rai !
fin

La famille Tortue

Jamais on n'a vu,
Jamais on ne verra
La famille Tortue
Courir après les rats.
Le papa Tortue
Et la maman Tortue
Et les enfants Tortue
Iront toujours au pas.

Ja - mais on n'a vu, Ja - mais on ne ver-ra La fa-
mille Tor - tue Cou - rir a - près les rats. Le pa-
pa Tor - tue Et la ma - man Tor - tue Et les en-
fants Tor - tue I - ront tou - jours au pas.
fin

Gentil coquelicot

J'ai descendu dans mon jardin,
J'ai descendu dans mon jardin
Pour y cueillir du romarin.

Refrain
Gentil coqu'licot, mesdames,
Gentil coqu'licot nouveau.

J'ai des - cen - du dans mon jar-din Pour y cueil - lir du
fin
ro - ma-rin. Gen - til co - qu'li - cot, mes-da - mes, Gen - til co-qu'li-cot nou-veau.

Un éléphant qui se balançait

Un éléphant qui se balançait
Sur une toile, toile, toile,
Toile d'araignée
Trouva ce jeu tellement,
Tell'ment amusant
Que tout à coup : zip ! wizz !
boïng ! badaboum !

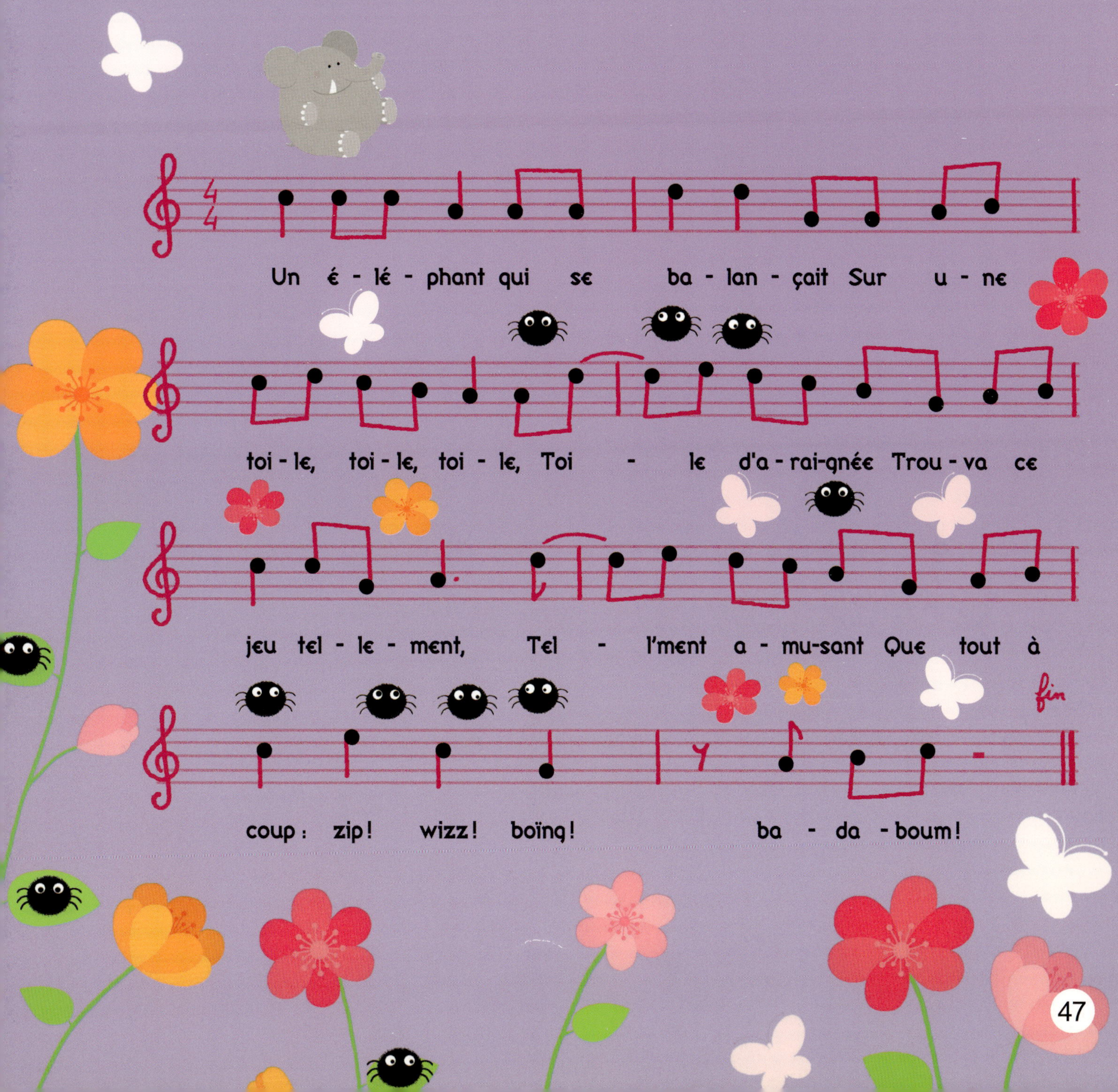
Un é - lé - phant qui se ba - lan - çait Sur u - ne
toi - le, toi - le, toi - le, Toi - le d'a - rai-gnée Trou - va ce
jeu tel - le - ment, Tel - l'ment a - mu-sant Que tout à
fin
coup : zip ! wizz ! boïng ! ba - da - boum !

Alouette, gentille alouette

Refrain

Alouette, gentille alouette,
Alouette, je te plumerai.

Je te plumerai la tête (bis),
Et la tête (bis),
Alouette (bis),
Ah !

Refrain

Je te plumerai le bec,
les yeux, le cou...

A - lou - et - te, gen - tille a - lou-et - te, A - lou - et - te,
je te plu - me - rai. Je te plu - me-rai la tête, Je te plu - me- rai la tête,
Et la tête, Et la tête, A - lou - ette, A - lou - ette, Ah!
fin

Voici le mois de mai

Voici le mois de mai
Où les fleurs vol'nt au vent.
Voici le mois de mai
Où les fleurs vol'nt au vent.
Où les fleurs vol'nt au vent,
Si jolie mignonne.
Où les fleurs vol'nt au vent
Si mignonnement.

Voi - ci le mois de mai Où les fleurs vol'nt au vent. Voi -
vol'nt au vent. Où les fleurs vol'nt au vent, Si jo - lie mi -
gnon - ne. Où les fleurs vol'nt au vent Si mi-gnon - ne - ment.
fin

Malbrough

Malbrough s'en va-t-en guerre,
Mironton, mironton, mirontaine,
Malbrough s'en va-t-en guerre,
Ne sait quand reviendra (ter).

Il reviendra-z-à Pâques,
Mironton, mironton, mirontaine,
Il reviendra-z-à Pâques
Ou à la Trinité (ter).

Mal - brough s'en va - t-en guer - re, Mi - ron - ton, mi - ron-ton, mi - ron -
tai - ne, Mal - brough s'en va - t-en guer - re, Ne sait quand re - vien -
fin
dra.___ Ne sait quand re - vien - dra.___ Ne sait quand re-vien - dra.___

Ne pleure pas, Jeannette

Ne pleure pas, Jeannette,
Tra la la la la la la la la la la la la,
Ne pleure pas, Jeannette,
Nous te marierons,
Nous te marierons.

Avec le fils d'un prince,
Tra la la la la la la la la la la la la,
Avec le fils d'un prince
Ou celui d'un baron,
Ou celui d'un baron.

Ne pleu - re pas, Jean - net _____ te, Tra la la la la la
la la la la la la la, Ne pleu - re pas, Jean -
net _____ te, Nous te ma-ri - e - rons, Nous te ma - ri - e - rons.
fin

Roulez, chemins de fer

Roulez, roulez,
Chemins d'fer, roulez,
Comme ça marche,
Comme ça marche.
Roulez, roulez,
Chemins d'fer, roulez,
Comme ça marche, regardez.

Rou - lez, rou - lez, Che - mins d'fer, rou - lez,
1.
2.
fin
Comme ça mar - che, Comme ça mar - che.
2) re - gar - dez.

Marguerite

Si tu veux faire mon bonheur,
Marguerite, Marguerite,
Si tu veux faire mon bonheur,
Marguerite, donne-moi ton cœur.

Marguerite me l'a donné,
Son cœur(e), son cœur(e),
Marguerite me l'a donné,
Son cœur pour un baiser.

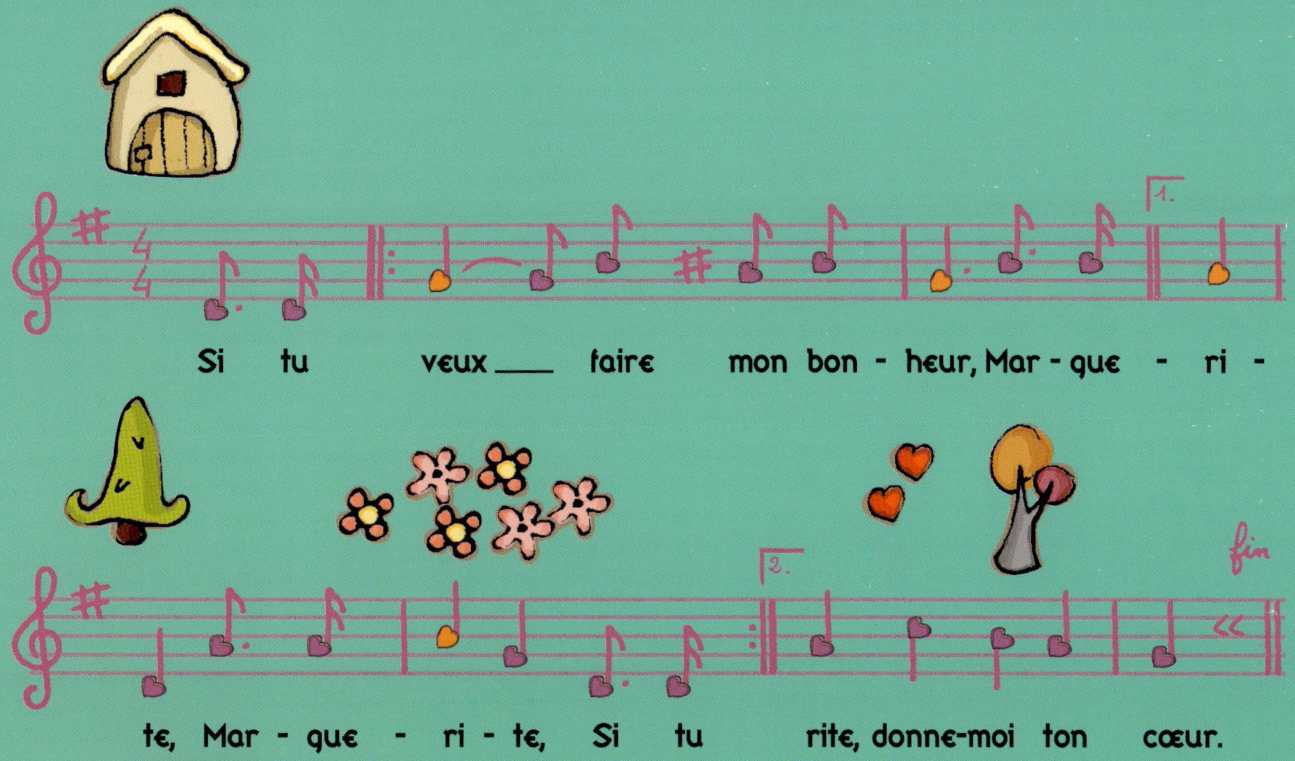
1.
Si tu veux ___ faire mon bon - heur, Mar - gue - ri -
2.
fin
te, Mar - gue - ri - te, Si tu rite, donne-moi ton cœur.

La mère Michel

C'est la mèr' Michel
Qui a perdu son chat,
Qui crie par la fenêtr'
À qui le lui rendra.
C'est le pèr' Lustucru
Qui lui a répondu :
« Allez, la mèr' Michel,
Vot' chat n'est pas perdu ! »

Sur l'air du tra la la (bis).
Sur l'air du tra dé ri dé ra
Et tra la la.

C'est la mèr' Mi - chel Qui a per - du son chat, Qui crie par la fe -
nêtr' À qui le lui ren - dra. C'est le pèr' Lus-tu - cru Qui
lui a ré - pon - du : « Al - lez, la mèr' Mi - chel, Vot' chat n'est
pas per - du ! » Sur l'air du tra la la, Sur l'air du tra la
la, Sur l'air du tra dé ri dé ra Et tra la la.
fin